LA STREIJA DE CABELA

TESTO E ILLUSTRAZIONI
LOMBARDI LOREDANA

LOREDANA LOMBARDI È UN'ARTISTA
A TUTTO TONDO.
NATA AD ALESSANDRIA,
TRASFERITASI IN VAL BORBERA DA 16 ANNI
DOVE RISIEDE E LAVORA ALLE SUE OPERE D'ARTE
COME PITTRICE E,
DOVE NELLA SPENSIERATA SOLITUDINE
CHE LA CIRCONDA,
FA CONVOGLIARE TUTTE LE SUE ENERGIE
ED IL SUO STATO D'ANIMO SCRIVENDO
SIA POESIE CHE STORIE PER BAMBINI.
DA SEMPRE APPASSIONATA D'ARTE,
MUSICA E DANZA,
HA TROVATO NELL'ARTE IL "LUOGO"
DOVE CONVOGLIARE LE MOLTEPLICI PASSIONI E,
DA QUANDO NEL '80 SI È AVVICINATA
SERIAMENTE ALL'ARTE,
NON HA PIÙ SMESSO DI AMARLA E PRATICARLA.

AUTRICE DELLE SUE STORIE
ED ANCHE DISEGNATRICE
DA QUANDO NEL '79 UNA CASA EDITRICE
LE OFFRÌ IL SUO PRIMO LAVORO.
HA PARTECIPATO ALLA RASSEGNA "LIBRINFESTA"
AD ALESSANDRIA CON IL SUO PROGETTO
ARTISTICO – CREATIVO – LETTERARIO.
INSEGNANTE DI PITTURA PAESAGGISTICA
DAL 2005,
LAVORA NEGLI ISTITUTI SCOLASTICI
COME INSEGNANTE DI LABORATORI
SIA ARTISTICI – CREATIVI
CHE MUSICALI – TEATRALI
DI CUI NE È ANCHE L'IDEATRICE.

UN TEMPO IMMEMORABILE,
NELLE PROFONDITÀ DI UN ANTICO BOSCO
CHE SI ESTENDEVA ALLE PENDICI
DELLE MAESTOSE MONTAGNE DI CABELLA LIGURE,
ABITAVA UNA STREIJA.
QUESTA STREIJA, UNA FIGURA ENIGMATICA,
ERA VESTITA INTERAMENTE DI NERO,
COME IL MANTO NOTTURNO DELLA FORESTA
CHE LE FACEVA DIMORA.

TUTTAVIA, CIÒ CHE LA RENDEVA
VERAMENTE STRAORDINARIA
ERA IL SUO INSEPARABILE "PENTOLINO."
QUESTO PICCOLO RECIPIENTE,
LUCENTE DI UN MISTERIOSO SPLENDORE,
ERA UN ELEMENTO ESSENZIALE
NELLE ARTI MAGICHE DELLE STREJE.
CONTENEVA I SEGRETI DELLE ANTICHE RICETTE
E INCANTESIMI TRAMANDATI
DI GENERAZIONE IN GENERAZIONE.

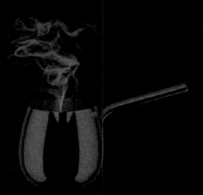

OGNI VOLTA CHE LE STREIJE

SI AVVENTURAVANO FUORI

DAL LORO RIFUGIO BOSCHIVO,

IL PENTOLINO ERA IL LORO FEDELE COMPAGNO,

UN SIMBOLO DI POTERE E SAGGEZZA.

ARMATE CON QUESTA RELIQUIA MAGICA,

LE STREIJE ATTRAVERSAVANO I PAESI CIRCOSTANTI,

CATTURANDO L'IMMAGINAZIONE

DELLE PERSONE E SUSCITANDO

CURIOSITÀ E TIMORE.

IL VILLAGGIO DI CABELLA LIGURE

AVREBBE A LUNGO RICORDATO

LE MISTERIOSE FIGURE VESTITE DI NERO

E IL LORO ENIGMATICO PENTOLINO,

SIMBOLO DI UN MONDO DI INCANTESIMI

E POZIONI NASCOSTE

NEL CUORE DELLE MONTAGNE.

QUANDO UN VIANDANTE SI SMARRIVA
TRA I SENTIERI INTRICATI DEL BOSCO,
L'UNICA SPERANZA DI TROVARE RIFUGIO
GIACEVA NELLA DIMORA SOLITARIA DELLA STREIJA.
AVVENTURANDOSI ATTRAVERSO L'OSCURO
FITTO DEGLI ALBERI,
IL VIANDANTE BUSSAVA TIMIDAMENTE
ALLA PORTA DELLA SUA ABITAZIONE
IGNARO DI COSA LO ASPETTASSE...

Lei apriva lo spioncino
della sua porta antica,
il legno scricchiolante rivelava
secoli di misteri custoditi.
Con una voce roca
che sembrava sfuggire
da un mondo di ombre,
sibilava <Cosa vuoi?>.

IL VIANDANTE, IMPAVIDO NONOSTANTE
L'ATMOSFERA CARICA DI MISTERO,
RISPONDEVA CON TIMIDEZZA
<MI SONO SMARRITO, GENTILE SIGNORA.
AVREI BISOGNO DI UN PASTO CALDO
PER RISTABILIRE LE MIE FORZE,
SE FOSSE POSSIBILE...>.
UN'OCCHIATA MALEVOLA SFIORAVA
LO SGUARDO DELLA STREIJA
E CON TONO SARCASTICO REPLICAVA
<MA SCHERZIAMO?! SE TI DESSI IL MIO PASTO,
COSA RESTEREBBE A ME?
IL MIO PENTOLINO VUOTO!>.
IL VIANDANTE TENTAVA ANCORA, IMPLORANDO
<ALMENO UN PO' D'ACQUA...
SONO COSÌ ASSETATO...>.
LA STREIJA, CON DISPREZZO, ESCLAMAVA
<MA SCHERZIAMO?! SE TI DESSI UN SORSO
DELLA MIA ACQUA, COSA RIMARREBBE A ME?
IL MIO PENTOLINO VUOTO! VATTENE VIA!
E POI... NON SOPPORTO I CURIOSI
CHE SI FINGONO SMARRITI
SOLO PER OTTENERE QUALCOSA DA ME!>.

Con un movimento rapido e rabbioso,
la Streija chiudeva lo spioncino della porta,
sprofondando nuovamente
nell'oscurità della sua dimora,
lasciando il povero malcapitato
sbigottito e solo,
circondato dal silenzio
che avvolgeva il bosco inquieto.

ERA UNA MATTINA COMUNE,
IL BOSCO DI CABELLA LIGURE SI SVEGLIAVA
CON IL CANTO DEGLI UCCELLI
E I RAGGI DORATI DEL SOLE SI FILTRAVANO
TRA LE FOGLIE DEGLI ALBERI.
ALL'INTERNO DELLA DIMORA DELLA STREIJA,
UN AMBIENTE INTRISO DI SEGRETI E MISTERI,
LA STREIJA SI APPRESTAVA,
COME OGNI GIORNO,
A CREARE UNA DELLE SUE POZIONI MAGICHE.
CON MAESTRIA E UNA SICUREZZA ACQUISITA
ATTRAVERSO SECOLI DI PRATICA,
LA STREIJA INIZIÒ A RIUNIRE GLI INGREDIENTI
PIÙ STRANI E REPELLENTI,
CIASCUNO PORTATORE DI POTERI INSOSPETTATI.
SERPENTI ESSICCATI, OCCHI DI ROSPO E RADICI
DA DECENNI NELLA PENOMBRA DEL BOSCO
SI UNIVANO AL SUO PENTOLINO MISTERIOSO.

TUTTAVIA, MENTRE MESCOLAVA GLI INGREDIENTI,
LA STREIJA SI RESE CONTO
CHE LE MANCAVA UN COMPONENTE FONDAMENTALE:
IL LATTE.
IL SUO SGUARDO, SOLITAMENTE FERMO E RISOLUTO,
SI ABBASSÒ VERSO IL PENTOLINO
CHE CONTENEVA SOLO UNA MISCELA INCOMPLETA.
UN SENSO DI URGENZA L'ATTRAVERSÒ,
POICHÉ SAPEVA CHE SENZA IL LATTE
LA POZIONE NON SAREBBE STATA COMPLETA
E IL SUO INCANTESIMO
SAREBBE RIMASTO INTRAPPOLATO
TRA I CONFINI DELLA METÀ REALIZZATA.

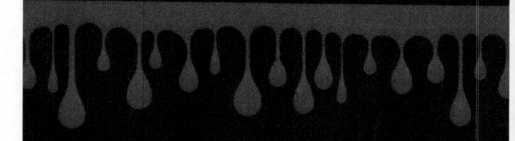

LA STREGA DOVETTE AFFRONTARE
UNA SCELTA DIFFICILE:
DOVE AVREBBE POTUTO TROVARE IL LATTE
DI CUI AVEVA BISOGNO?
IN UN LUOGO COME CABELLA LIGURE,
DOMINATO DALLA SUA AURA DI MISTERO,
CERCARE LATTE POTEVA RIVELARSI UNA SFIDA EPICA.

IRRITATA E FRUSTRATA DALLA MANCANZA DI LATTE,
LA STREIJA USCÌ DALLA SUA DIMORA
E SI DIRESSE VERSO IL CORTILE DIETRO LA CASA.

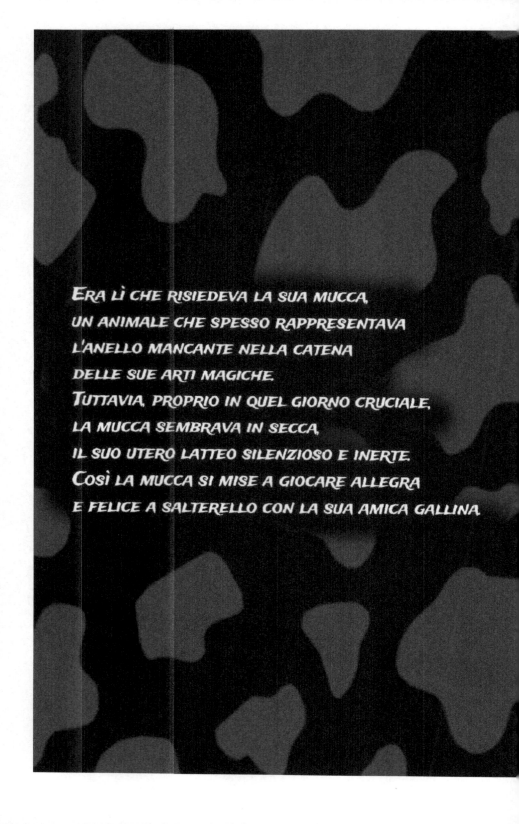

ERA LÌ CHE RISIEDEVA LA SUA MUCCA,
UN ANIMALE CHE SPESSO RAPPRESENTAVA
L'ANELLO MANCANTE NELLA CATENA
DELLE SUE ARTI MAGICHE.
TUTTAVIA, PROPRIO IN QUEL GIORNO CRUCIALE,
LA MUCCA SEMBRAVA IN SECCA,
IL SUO UTERO LATTEO SILENZIOSO E INERTE.
COSÌ LA MUCCA SI MISE A GIOCARE ALLEGRA
E FELICE A SALTERELLO CON LA SUA AMICA GALLINA.

POI... UN PENSIERO COLSE LA STREIJA DI SORPRESA
<SENZA IL LATTE LA POZIONE PER ALLONTANARE
GLI SCONOSCIUTI NON FUNZIONA!>
SI DISSE CON UNA NOTA DI PREOCCUPAZIONE.

IL SUO SGUARDO SI ABBASSÒ

VERSO IL RECIPIENTE VUOTO,

DOVE LA POZIONE DOVEVA PRENDERE FORMA.

LA SITUAZIONE SI FACEVA PIÙ SERIA

E LA STREIJA SAPEVA CHE SENZA UNA SOLUZIONE

IL SUO POTERE DI PROTEZIONE

SAREBBE RIMASTO COMPROMESSO.

LA STREIJA FRUSTRATA
DALLA NECESSITÀ DI OTTENERE IL LATTE
CHE LE MANCAVA,
SI RITROVÒ COSTRETTA A COMPIERE UN ATTO CHE,
PER LEI, ERA QUANTO DI PIÙ IMPOPOLARE
POTESSE IMMAGINARE:
ANDARE IN PAESE, A CABELLA
E CHIEDERE UN PO' DI LATTE AI PAESANI.

SAPEVA BENISSIMO CHE LA SUA PRESENZA

NON ERA GRADITA,

POICHÉ IL VELO DI MISTERO

CHE AVVOLGEVA LA SUA FIGURA

LA RENDEVA SOSPETTA

AGLI OCCHI DEGLI ABITANTI DEL PAESE.

UN SOSPIRO DI FRUSTRAZIONE

SFUGGÌDALLE SUE LABBRA

E SI PASSÒ UNA MANO

ATTRAVERSO I CAPELLI NERI

IN SEGNO DI SCONFORTO.

<Adesso mi tocca avventurarmi a Cabella,
nel paese che mi respinge... uffa!>
pensò con un senso di riluttanza.
Si preparò mentalmente ad affrontare
le reazioni dei paesani,
mentre intraprendeva il cammino
verso la comunità
che non aveva mai compreso del tutto
la streija misteriosa della montagna.

LA STREIJA AFFERRÒ CON GESTO DECISO
IL SUO INSEPARABILE PENTOLINO,
UN OGGETTO LUCENTE E MISTERIOSO
CHE AVEVA ACCOMPAGNATO LE SUE MAGIE
ATTRAVERSO LE ERE.
MENTRE I SUOI PENSIERI BORBOTTAVANO
DI INCERTEZZA E DETERMINAZIONE,
PRESE IL PRIMO PASSO VERSO
LA SUA MISSIONE.
CON PASSO FERMO E DETERMINATO,
VARCÒ LA SOGLIA DELLA SUA DIMORA
E SI AVVIÒ LUNGO IL SENTIERO
CHE LA CONDUSSE VERSO CABELLA.

IL BOSCO ANTICO SI APRIVA DAVANTI A LEI,
CON I SEGRETI E SECOLI DI STORIA
CHE LO CIRCONDAVANO.
LA LUCE DEL SOLE FILTRAVA
TRA LE FRONDE DEGLI ALBERI,
LANCIANDO STRISCE DORATE SUL SENTIERO,
MA NON RIUSCIVA A SCALDARE IL SUO CUORE,
ANCORA PREOCCUPATO PER L'ACCOGLIENZA
CHE LE AVREBBE RISERVATO IL PAESE.

LA STREIJA INTRAPRESE IL SUO CAMMINO,
PORTANDO CON SÉ IL PENTOLINO LUCENTE,
IL SUO UNICO ALLEATO IN UN MONDO
CHE NON L'AVEVA MAI COMPRESA DEL TUTTO.

Mentre si avvicinava a Cabella,
le case del paese
iniziavano a farsi più visibili
tra gli alberi del bosco.
Tra le abitazioni tradizionali
e le stradine lastricate,
spiccava una casa al limite del bosco,
una gioiosa tavolozza di colori
che contrastava nettamente
con l'atmosfera cupa e oscura della Streija.
Quest'abitazione si ergeva
come un'isola di vivacità e allegria
in mezzo alla serietà del bosco.
Le pareti erano tinteggiate di tonalità vivaci,
dai rossi ai gialli ed i fiori colorati
adornavano le finestre.

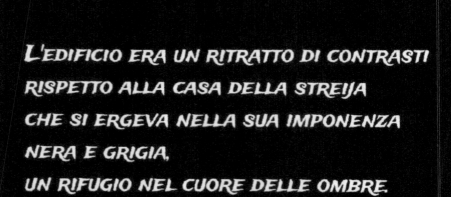

L'EDIFICIO ERA UN RITRATTO DI CONTRASTI
RISPETTO ALLA CASA DELLA STREIJA
CHE SI ERGEVA NELLA SUA IMPONENZA
NERA E GRIGIA,
UN RIFUGIO NEL CUORE DELLE OMBRE.

MENTRE LA STREIJA OSSERVAVA
QUESTA CASA INASPETTATA,
UNA DOMANDA SORSE NELLA SUA MENTE:
POTEVA ESSERE UN LUOGO DOVE TROVARE
IL LATTE DI CUI AVEVA BISOGNO?
QUESTO ENIGMA RAPPRESENTAVA
UNA POTENZIALE SOLUZIONE AL SUO PROBLEMA
O ALTRO NASCONDEVA
TRA I SUOI VIVACI CONFINI?

*A*VANZÒ CON PASSO FELPATO,

AVVICINANDOSI ALLA CASA

DAL TEMPERAMENTO FESTOSO.

*L*A CURIOSITÀ L'AVEVA SPINTA A SCRUTARE

CON ATTENZIONE LA STRUTTURA,

MA ORA IL DESIDERIO

DI SVELARNE IL SEGRETO L'AVEVA RESA

PARTICOLARMENTE CAUTA.

SI AVVICINÒ ALLA FINESTRA PIÙ VICINA,
CERCANDO DI NON FARSI VEDERE
DA CHIUNQUE FOSSE ALL'INTERNO.
CON MOVIMENTI SILENZIOSI,
LA STREIJA SI CHINÒ E GUARDÒ DENTRO LA FINESTRA.
CERCANDO DI COMPRENDERE
COSA SI CELASSE DIETRO QUEI COLORI VIVACI
E LA GIOIA CHE EMANAVA DALL'ABITAZIONE.
NASCOSTA NELL'OMBRA,
LA STREIJA RIMASE IMMOBILE,
UN MISTERO CHE SCRUTAVA UN ALTRO MISTERO.
DETERMINATA A SCOPRIRE COSA SI CELASSE
TRA QUELLE PARETI E SE AVREBBE POTUTO TROVARE
IL PREZIOSO LATTE DI CUI AVEVA BISOGNO.

LA STREIJA OSSERVAVA CON CURIOSITÀ
L'INTERNO DELLA CASA.
C'ERA UNA GIOVANE MAMMA,
DAL VISO RADIANTE E GENTILE,
INTENTA A PREPARARE LA COLAZIONE
PER I SUOI DUE PICCOLI.

I BAMBINI, PIENI DI ENTUSIASMO,
CHIEDEVANO AFFETTUOSAMENTE
<MAMMA, CI DAI DEL LATTE CON I BISCOTTI
E IL CIOCCOLATO?>,
<MAMMA, MI DAI UN BACIO
PRIMA DI ANDARE A SCUOLA?>,
<MI DAI UNA CAREZZA?>.
LA MADRE RISPONDEVA CON AMORE INFINITO,
IL SUO SORRISO IRRADIAVA CALORE E AFFETTO
MENTRE ACCONSENTIVA ALLE RICHIESTE
DEI SUOI PICCOLI.
LATTE E BISCOTTI, BACI E CAREZZE,
TUTTI ERANO DISPENSATI CON UN'ANIMA GENEROSA
CHE TRASFORMAVA LA CASA
IN UN NIDO D'AMORE E COMPRENSIONE.

LA STREIJA, OSSERVANDO NASCOSTA,
COMMENTAVA SARCASTICA TRA SÉ
<BRAVA! BRAVA SPRECONA!>.
CREDEVA CHE DONANDO TUTTO CIÒ CHE AVEVA,
LA MADRE AVREBBE INEVITABILMENTE ESAURITO
LE SUE RISORSE, MA LA REALTÀ SI DIMOSTRÒ
BEN DIVERSA DALLE SUE ASPETTATIVE.
OGNI GIORNO LA MAMMA AVEVA SEMPRE
DA OFFRIRE AI SUOI FIGLI,
I SUOI BACI E LE SUE CAREZZE
NON SI ESAURIVANO MAI.
IL MISTERO DI TANTA GENEROSITÀ
NON POTEVA ESSERE SVELATO
DA UNA SEMPLICE OSSERVAZIONE.

ALL'IMPROVVISO LA BAMBINA,
CON GLI OCCHI INNOCENTI E CURIOSI,
ESCLAMÒ IN UN SUSSURRO ECCITATO
<MAMMA! C'È UNA BRUTTA SIGNORA
CHE CI STA OSSERVANDO DALLA FINESTRA!>.
L'ANNUNCIO DELLA BAMBINA
RISUONÒ NELLA STANZA,
SCATENANDO UN BRIVIDO DI INQUIETUDINE.
LA MADRE SI VOLTÒ RAPIDAMENTE
VERSO LA FINESTRA, GLI OCCHI SPALANCATI
DALL'INASPETTATO AVVERTIMENTO.
LE TENDE ONDEGGIARONO LEGGERMENTE
CON UNA BREZZA MISTERIOSA,
MA AL DI LÀ DEL VETRO NULLA ERA VISIBILE
SE NON L'OSCURITÀ CHE CIRCONDAVA LA STREIJA
NASCOSTA TRA GLI ALBERI.
LA VISIONE DELLA BRUTTA SIGNORA
CHE LE SCRUTAVA DAL DI FUORI
GETTÒ UN'OMBRA DI MISTERO
SU QUELLA TRANQUILLA MATTINA DI COLAZIONE.

LA STREIJA, SCOPERTA E COLTA DI SORPRESA,
FU PERVASA DA UNA FUGA IMPROVVISA
E INCONTROLLATA.
I SUOI OCCHI NASCOSTI DIETRO LE OMBRE
TRADIRONO UNA PAURA PALPABILE,
MENTRE IL SUO VOLTO, DI SOLITO IMPERTURBABILE,
SI TINSE DI UN PALLORE SPETTRALE.

Il cuore le batteva veloce,
come il rullare di un tamburo
in una notte buia e tempestosa.
Senza esitazione, fuggì nel bosco,
tra gli alberi che avevano custodito
i suoi segreti per tanto tempo.
Ogni passo che faceva era una corsa
verso l'ignoto, una fuga da quegli sguardi
sospettosi e inquisitori.
Ogni albero e ogni sasso del bosco
sembravano esserle testimoni silenziosi
della sua fuga tumultuosa.

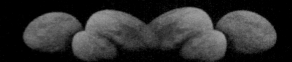

AVEVA PAURA CHE QUEI BAMBINI,
INCANTATI DALLE MERAVIGLIE DELLA SUA CASA,
POTESSERO RIVOLGERE LA LORO ATTENZIONE A LEI,
METTENDO IN PERICOLO LA SUA STESSA ESISTENZA
E QUESTA PAURA
L'AVEVA SCOSSA IN MODO INASPETTATO.

E MENTRE LA STREIJA FUGGIVA,
LONTANA DA QUELLA SCENA DI CALORE E DOLCEZZA
CHE TANTO LE ERA ALIENA,
LE SCIVOLÒ DI MANO IL SUO MITICO PENTOLINO.
UN OGGETTO CARICO DI SEGRETI E POTERI
ORA SI PERDEVA NEL BOSCO,
ABBANDONATO NEL SUO PERCORSO AFFRETTATO.

LA MADRE, A CUI NULLA ERA SFUGGITO,
USCÌ DALLA CASA PER UNIRSI AI SUOI FIGLI.
SCORTANDOLI FINO ALL'INIZIO DEL SENTIERO,
NOTÒ IL PENTOLINO ABBANDONATO.
LA SUA CURIOSITÀ
FU IMMEDIATAMENTE CATTURATA
DA QUELL'OGGETTO LUCENTE E,
SENZA ESITAZIONE, LO PRESE CON SÉ.

MENTRE LA STREIJA SI ALLONTANAVA
DA QUELLA SCENA DI AFFETTO
CHE AVEVA SUSCITATO IN LEI SOLO RIBREZZO,
IL SUO PREZIOSO PENTOLINO
ORA AVEVA TROVATO UN NUOVO CUSTODE.
LA MADRE, IGNARA DELLA MAGIA CONTENUTA
IN QUELL'OGGETTO, PORTÒ CON SÉ IL PENTOLINO,
UN SIMBOLO DI UN INCONTRO INASPETTATO
TRA MONDI DIVERSI.

IL GIORNO SUCCESSIVO ALL'ACCADUTO
ERA UNA DOMENICA E,
IN QUESTO GIORNO SACRO ALLA GIOIA,
I BAMBINI ERANO LIBERI DALLA SCUOLA.

LA MADRE E I SUOI DUE FIGLI DECISERO
DI INTRAPRENDERE UN'AVVENTURA STRAORDINARIA,
DECISI A SCOPRIRE IL MISTERO
DELLA BRUTTA SIGNORA
CHE AVEVANO VISTO DALLA FINESTRA.
INSIEME SI INCAMMINARONO NEL BOSCO,
MANO NELLA MANO, PRONTI A SVELARE L'ARCANO
DELLA CASA MISTERIOSA.

Dopo un'avventurosa passeggiata
tra gli alberi secolari ed i segreti del bosco,
giunsero alla dimora della streija.
La casa, diversa dalle altre,
appariva davanti a loro
come un'enigma oscuro.
Le pareti erano grigie
e l'atmosfera che la circondava
era densa di mistero.
La madre ed i suoi figli stavano per varcare
la soglia di questa casa,
pronti a scoprire ciò che si nascondeva
al suo interno.
Il cuore batteva veloce
per l'emozione dell'avventura
che li attendeva.
Nella casa di una streija
che nessuno aveva mai osato sfidare.

LA MADRE, DETERMINATA E SENZA ESITAZIONE,
SI AVVICINÒ ALLA PORTA DELLA CASA GRIGIA
E CON UNA CERTA DOSE DI CORAGGIO,
BUSSÒ CON RISOLUTEZZA.
L'ATMOSFERA ERA TESA
MENTRE ATTENDEVANO UNA RISPOSTA.
ALL'IMPROVVISO LO SPIONCINO SI APRÌ
E LA STREIJA COMPARVE CON LA SUA VOCE ROCA,
SIBILANDO CON CURIOSITÀ E SOSPETTO
<COSA VOLETE?>.
LA MADRE, CON UN SORRISO GENTILE,
RISPOSE CON CALMA E SINCERITÀ
<ABBIAMO TROVATO IL TUO PENTOLINO.
LO ABBIAMO RIEMPITO DI LATTE
PENSANDO CHE TI SERVISSE>.

GLI OCCHI DELLA STREIJA
SI ILLUMINARONO DI SORPRESA E GIOIA
MENTRE ASCOLTAVA QUESTE PAROLE.
CON UN GESTO IMPROVVISO,
APRÌ COMPLETAMENTE LA PORTA,
INVITANDO LA MADRE E I SUOI FIGLI
AD ENTRARE NELLA SUA DIMORA.

QUATTRO ANIME, APPARENTEMENTE COSÌ DIVERSE,
TROVARONO UN PUNTO DI INCONTRO
IN QUELLA GIORNATA SPECIALE.
LA GENEROSITÀ DELLA MADRE
E LA SORPRESA DELLA STREIJA SI INTRECCIARONO,
DANDO VITA A UN'INATTESA AMICIZIA,
IL CUI INIZIO RIMARRÀ IMPRESSO
NELLA LORO MEMORIA PER SEMPRE.

DA QUEL GIORNO IN POI,
LA STREIJA NON VEDE L'ORA
CHE ARRIVI LA DOMENICA.
È IL GIORNO SPECIALE IN CUI LA MAMMA
E I SUOI BAMBINI ARRIVANO A TROVARLA,
PORTANDO CON SÉ UN PO' DI GIOIA
E ALLEGRIA IN QUELLA CASA GRIGIA E TETRA.
L'ATMOSFERA, UNA VOLTA INTRISA DI MISTERO
E SOLITUDINE, ORA SI ANIMA DI RISATE
E CALORE FAMILIARE.
CON IL PENTOLINO RIEMPITO DI LATTE,
LE POZIONI SCHIFOSE E GLI INCANTESIMI
CHE UNA VOLTA ALLONTANAVANO I VIANDANTI
SONO DIVENTATE PARTE DEL PASSATO.

LA STREIJA HA SCOPERTO UN NUOVO MODO
DI CONDIVIDERE LA SUA MAGIA,
UNA MAGIA CHE ORA AVVOLGE QUEI QUATTRO AMICI
IN UNA RELAZIONE DI AFFETTO
E COMPRENSIONE RECIPROCA.

LA CASA GRIGIA E TETRA È STATA TRASFORMATA
IN UN LUOGO DI AMICIZIA E GIOIA,
DOVE LA DIVERSITÀ È DIVENTATA LA FORZA
CHE LEGA QUESTI CUORI UNITI.

LA STREIJA HA IMPARATO A PREPARARE TORTE...
E CHE TORTE!
SONO DIVENTATE LA SUA NUOVA PASSIONE
E SPECIALITÀ CULINARIA,
IL CUI PROFUMO SI DIFFONDE PER LA CASA
E ATTIRA CHIUNQUE ABBIA IL PRIVILEGIO
DI ENTRARVI.

LE TORTE AL CIOCCOLATO,
RICOPERTE DI GLASSA LUCIDA,
SONO PEZZI D'ARTE GOLOSI.
OGNI MORSO FA SCOPPIARE
UNA SINFONIA DI SAPORI NELLA BOCCA.
LE TORTE ALLA FRAGOLA
SONO UN TRIPUDIO DI FRESCHEZZA,
CON FRAGOLE MATURE
CHE ADORNANO LA LORO SUPERFICIE.
SONO COSÌ BUONE
CHE SI SCIOLGONO SULLA LINGUA,
REGALANDO UNA GIOIA
DOLCE E RINFRESCANTE.

LA STREIJA HA TRASFORMATO
LA SUA DIMORA GRIGIA E TETRA
IN UN LUOGO DI DELIZIA E GOLA,
DOVE AMICIZIA E CONDIVISIONE
VENGONO CELEBRATE
ATTORNO A QUESTE SQUISITE TORTE.
ORA OGNI DOMENICA
È UN'OCCASIONE SPECIALE
IN CUI SI FESTEGGIA LA DIVERSITÀ
E SI CELEBRA L'AMICIZIA,
GUSTANDO LE PRELIBATEZZE
CHE SOLO LA STREIJA SA CREARE.

TUTTI SI RIUNISCONO ATTORNO AL TAVOLO,
CON SORRISI RADIANTI E CUORI LEGGERI,
PRONTI A GUSTARE
LE PRELIBATEZZE PREPARATE CON AMORE
DALLA STREIJA.
I PIATTI DI TORTA AL CIOCCOLATO
E ALLA FRAGOLA SONO DISPOSTI CON CURA,
EMANANDO PROFUMI INVITANTI.
SI RITROVANO TUTTI INSIEME,
IN UN CERCHIO DI AMICIZIA E COMPRENSIONE,
PRONTI A CONDIVIDERE
NON SOLO LE DELIZIOSE TORTE,
MA ANCHE STORIE, RISATE E SEGRETI.

La streija un tempo avida, scontrosa,
egoista, tetra e avvolta dall'oscurità,
è cambiata profondamente.
Ora è una figura trasformata,
come un cuore che ha scoperto la luce.
Non è più prigioniera
della sua stessa malinconia,
ma si è aperta al mondo
e ha imparato il valore della condivisione,
della generosità e della gentilezza.
Ogni domenica è una celebrazione
di questa trasformazione,
in cui la streija si è addolcita
e ha imparato che la vera magia
risiede nell'amore,
nell'amicizia e nella generosità.

SE MAI DOVESSI TROVARTI
A VAGARE NEL BOSCO,
NEI DINTORNI DI CABELLA LIGURE,
E DOVESSI INCAPPARE NELLA SUA CASA,
NON ESITARE A BUSSARE ALLA PORTA.
LO SPIONCINO
SI SPALANCHERÀ LENTAMENTE E...

NON ASPETTARTI PIÙ DI TROVARE
UNA STREIJA SCONTROSA E AVIDA.
QUELLA STREIJA È UN RICORDO LONTANO,
SOSTITUITO ORA DA UNA NUOVA CREATURA:
GENEROSA, GENTILE E PRONTA AD ACCOGLIERTI
A BRACCIA APERTE.
NON APPENA SI APRIRÀ LA PORTA,
SARAI ACCOLTO DA UN SORRISO CALOROSO
E DALL'INVITO A ENTRARE.

NEL SUO INTERNO,
NON CI SARÀ PIÙ TRACCIA
DI POZIONI SCHIFOSE O INCANTESIMI
CHE ALLONTANANO I VIANDANTI.
AL LORO POSTO TROVERAI
UNA TAVOLA IMBANDITA CON TORTE
PREPARATE CON GIOIA E AMORE.

OGNI FETTA DI TORTA
È UNA DIMOSTRAZIONE TANGIBILE
DELLA SUA TRASFORMAZIONE,
UN SIMBOLO DI COME L'AMICIZIA
E LA CONDIVISIONE POSSANO ADDOLCIRE
ANCHE IL CUORE PIÙ DURO.
QUESTO È IL SUO NUOVO INCANTESIMO,
UN INCANTESIMO DI AMICIZIA E AMORE.

FANNO PARTE
DELLA STESSA AUTRICE
LOREDANA LOMBARDI
ANCHE:

La strana storia del sole, della luna e delle stelle

Loredana Lombardi
Illustrazioni di Rossana Mina

Che strana storia!
Il sole, la luna, le stelle...
La luna che illumina la notte
con le sue stelle,
il sole che fa i "capricci"!
Vuole illuminare la Terra anche lui
con le sue stelle.
Sarà possibile, direte voi?
Coinvolgetevi, lasciatevi trasportare
dalla fantasia e...
vedrete come va a finire.
Una storia moderna,
da leggere e da farsi leggere.
Ricetta ai bambini
dai 6 ai 10 anni
Per incantarli la notte
e divertirsi di giorno.

Crow
Lo Spaventapasseri

Sulla testa portano cappelli
a volte con fogge proprio
strane, addirittura
qualcuno ha con se un
ombrello rattoppato o un
bastone che spunta come una
lancia pronta a colpire. Personaggi
silenziosi che tuttavia svolgono un
serio lavoro e con che perseveranza!
Sono sempre presenti al loro posto,
con qualsiasi condizione di tempo e
persino la notte... Sotto un cielo
stellato e dal chiarore della luna, o
sotto un cielo ostile. Avete capito di
chi sto parlando? Sicuramente si,
alludo agli spaventapasseri...
Vienili a trovare! Nel borgo
di Vendersi "il paese degli
spaventapasseri" della
Val Borbera, frazione
di Albera Ligure (AL).

Arco è un piccolo elefantino
albino, abbandonato alla
nascita dalla mamma.
Affronterà una folta e perfida
savana.
Durante il cammino
incontrerà tanti nuovi amici
che lo accompagneranno
"colorandolo".
Affronterà pericoli e paura,
solo per ritrovare la mamma.
Ci riuscirà?
A voi scoprirlo!

Poesia d'Arte

I custodi
del silenzio

Loredana Lombardi

Gli angeli custodi sono figure misteriose che in silenzio proteggono e guidano.
Una definizione che tocca il cuore, un'idea di spiritualità emblematica e confortante nello stesso tempo.
Così inizia il mio cammino alla scoperta di quegli angeli silenti e quella voglia di immortalarli nell'obbiettivo per renderli ancora una volta "protagonisti", ancora una volta "vivi".
Le poesie che accompagnano le foto non sono altro che l'emozione rese in parole perchè possano arrivare al cuore di chi sta guardando.
Un salto nel mondo dell'invisibile che diventa tangibile solo grazie ai nostri sentimenti.
Questo è il messaggio che vorrei passare a chi ha ancora tempo e voglia di regalarsi un attimo di tregua, un'oasi temporale dove ritrovare se stessi.

ISBN 9788451715331

Printed in Great Britain
by Amazon

32894503R00050